Stationenlernen Prozentrechnung

5.-7. Schuljahr

Autorenteam Kohl-Verlag

- Individuelles Lernen
- Differenzierend
- Motivierend

- Übersichtliche Aufgabenkarten
- Schnelle Vorbereitung
- Mit Lösungen zur Selbstkontrolle

Lernen mit Erfolg
KOHL VERLAG
www.kohlverlag.de

Stationenlernen Prozentrechnung
5.-7. Schuljahr

3. Auflage 2024

© Kohl-Verlag, Kerpen 2018
Alle Rechte vorbehalten.

Inhalt: Autorenteam Kohl-Verlag & Jürgen Tille-Koch
Coverbild: © Valery Shanin - fotolia.com
Redaktion: Kohl-Verlag
Grafik & Satz: Kohl-Verlag
Druck: Druckhaus Flock, Köln

Bildnachweise
Seite 43: © Picture-Factory - AdobeStock.com; © sunabesyou - AdobeStock.com; © Lucky Dragon USA - AdobeStock.com; © Robert Neumann - AdobeStock.com; © stockphoto-graf - AdobeStock.com; © picsfive - AdobeStock.com; Seite 47 oben: Mile Penava; Seite 47 unten: © bluedesign - AdobeStock.com

Bestell-Nr. 11 946

ISBN: 978-3-96040-088-2

Das vorliegende Werk und seine Teile sind urheberrechtlich geschützt. Jede Nutzung in anderen als den gesetzlich zugelassenen Fällen bedarf der vorherigen schriftlichen Einwilligung des Verlages. Hinweis zu § 52a UrhG: Weder das Werk noch seine Teile dürfen ohne eine solche Einwilligung eingescannt und in ein Netzwerk oder das Internet eingestellt werden. Dies gilt auch für Intranets von Schulen und sonstigen Bildungseinrichtungen.

Der vorliegende Band ist eine Print-Einzellizenz

Sie wollen unsere Kopiervorlagen auch digital nutzen? Kein Problem – fast das gesamte KOHL-Sortiment ist auch sofort als PDF-Download erhältlich! Wir haben verschiedene Lizenzmodelle zur Auswahl:

	Print-Version	PDF-Einzellizenz	PDF-Schullizenz	Kombipaket Print & PDF-Einzellizenz	Kombipaket Print & PDF-Schullizenz
Unbefristete Nutzung der Materialien	x	x	x	x	x
Vervielfältigung, Weitergabe und Einsatz der Materialien im eigenen Unterricht	x	x	x	x	x
Nutzung der Materialien durch alle Lehrkräfte des Kollegiums an der lizenzierten Schule			x		x
Einstellen des Materials im Intranet oder Schulserver der Institution			x		x

Die erweiterten Lizenzmodelle zu diesem Titel sind jederzeit im Online-Shop unter www.kohlverlag.de erhältlich.

Inhalt

⊙ = Grundlegendes Niveau   ! = Mittleres Niveau   ★ = Erweitertes Niveau

Station	Seite	⊙/!/★	E/P	benötigte Materialien	Tipp-Karte
Grundwissen 1	7	⊙	E	Heft, Stift, Blatt	1
Grundwissen 2	7	⊙	P	Heft, Stift, Blatt	4-5
Grundwissen 3 – Dreisatz	9	⊙	P	Heft, Stift, Blatt	2
Grundwissen 4	9	!	E	Heft, Stift, Blatt	1
Grundwissen 5 – Dreisatz	11	!	P	Heft, Stift, Blatt	1
Grundwissen 6	11	★	P	Heft, Stift, Blatt	1
Grundwissen 7 – Dreisatz	13	★	E	Heft, Stift, Blatt	2
Darstellung von Prozentsätzen 1	13	⊙	E	Heft, Stift, Blatt	3
Darstellung von Prozentsätzen 2	15	!	E	Heft, Stift, Blatt	3
Prozentwert 1	15	⊙	P	Heft, Stift, Blatt	4
Prozentwert 2	17	⊙	E	Heft, Stift, Blatt	4
Prozentwert 3	17	!	P	Heft, Stift, Blatt	4
Prozentwert 4	19	!	E	Heft, Stift, Blatt	4
Prozentwert 5	19	★	E	Heft, Stift, Blatt	4
Prozentwert 6	21	★	E	Heft, Stift, Blatt	4
Prozentsatz 1	21	⊙	P	Heft, Stift, Blatt	5
Prozentsatz 2	23	⊙	E	Heft, Stift, Blatt	5
Prozentsatz 3	23	!	P	Heft, Stift, Blatt	5
Prozentsatz 4	25	!	E	Heft, Stift, Blatt	5
Prozentsatz 5	25	★	P	Heft, Stift, Blatt	5
Prozentsatz 6	27	★	E	Heft, Stift, Blatt	5

Inhalt

⊙ = Grundlegendes Niveau   ! = Mittleres Niveau   ★ = Erweitertes Niveau

Station	Seite	⊙/!/★	E/P	benötigte Materialien	Tipp-Karte
Grundwert 1	27	⊙	P	Heft, Stift, Blatt	5
Grundwert 2	29	⊙	E	Heft, Stift, Blatt	5
Grundwert 3	29	!	P	Heft, Stift, Blatt	5
Grundwert 4	31	!	E	Heft, Stift, Blatt	5
Grundwert 5	31	★	P	Heft, Stift, Blatt	5
Grundwert 6	33	★	E	Heft, Stift, Blatt	5
vermehrter Grundwert	33	⊙	P	Heft, Stift, Blatt	6
verminderter Grundwert	35	⊙	P	Heft, Stift, Blatt	6
Gemischte Übungen 1	35	⊙	P	Heft, Stift, Blatt	4-6
Gemischte Übungen 2	37	!	P	Heft, Stift, Blatt	4-6
Gemischte Übungen 3	37	★	P	Heft, Stift, Blatt	4-6
Zum Schmunzeln 1	39	⊙	E	Heft, Stift, Blatt	5
Zum Schmunzeln 2	39	!	E	Heft, Stift, Blatt	5-6
Zum Schmunzeln 3	41	★	E	Heft, Stift, Blatt	4-5
Textaufgaben 1	41	⊙	P	Heft, Stift, Blatt	3
Textaufgaben 2	43	!	P	Heft, Stift, Blatt	5-6
Textaufgaben 3	43	!	E	Heft, Stift, Blatt	5-6
Textaufgaben 4	45	★	E	Heft, Stift, Blatt	4-5
Textaufgaben 5	45	★	E	Heft, Stift, Blatt	5-6
Offene Aufgabe 1	47	!	P	Heft, Stift, Blatt	1-6
Offene Aufgabe 2	47	★	P	Heft, Stift, Blatt	1-6
Tippkarten	48				

Anleitung

Liebe Kolleginnen und Kollegen,

dieses Werk zum Stationenlernen im Mathematikunterricht soll Ihnen ein wenig Ihre alltägliche Arbeit erleichtern. Dabei war es uns besonders wichtig, Stationen zu gestalten, die möglichst schüler- und handlungsorientiert sind und mehrere Lerneingangskanäle ansprechen. Denn nur so kann Wissen langfristig gesichert und auch wieder abgerufen werden.

Die Reihenfolge der Stationen ist frei wählbar, so können die Schüler[1] in ihrem individuellen Arbeits- und Lerntempo vorgehen. Aber auch Sie als Lehrer können die Karten in unterschiedlichen Reihenfolgen verwenden. Durch den individuell ausfüllbaren Laufzettel wird bei dieser differenzierten Arbeitsform stets der Überblick gewahrt. Die Materialien eignen sich dank der möglichen Hilfestellungen durch die Tipp-Karten auch hervorragend für das selbstständige Lernen oder die Selbstlernzeit. Im hinteren Bereich des Heftes finden Sie Tipp-Karten, auf Seite 6 den Stationen-Laufzettel.

Stationen:

Die Stationszettel enthalten bewusst keine Nummerierung, um einen flexiblen Einsatz zu gewährleisten. So kann jeder selbst entscheiden, welche Station bearbeitet werden soll. Dies können sowohl Stationen aus einem Bereich sein, ebenso gut können auch Aufgaben aus allen Bereichen vermischt werden. Nach Belieben können Sie die Stationen jedoch auch nummerieren, um den Schülern die Zuordnung zu erleichtern.

Differenzierung der Aufgaben:

Innerhalb der Stationen gibt es Grundaufgaben, Aufgaben des mittleren Niveaus sowie Expertenaufgaben. Jede Karte ist mit einem entsprechenden Symbol gekennzeichnet, die unten erklärt werden. Die Grundaufgaben sollen von allen Schülern bearbeitet werden. Aufgaben des mittleren Niveaus stellen bereits höhere Anforderungen an die Schüler, während Expertenaufgaben vertiefende oder weiterführende Inhalte enthalten. Je nach Leistungsstand Ihrer Klasse können Sie jedoch problemlos Stationen anders kennzeichnen. Zu jeder Stationskarte können die Schüler auf passende Tipp-Karten zurückgreifen. Welche Tipp-Karten für die einzelnen Stationen geeignet sind, können Sie in der Inhaltsübersicht auf den Seiten 3 und 4 nachlesen.

Tipp-Karten:

Es werden für alle Stationen Tipp-Karten angeboten. Es empfiehlt sich, die Tipp-Karten z.B. in Briefumschlägen verpackt den Stationen beizulegen oder sie sogar an einem separaten Ort zu platzieren. So überlegen die Kinder eher, ob sie einen Tipp benötigen oder nicht und werden nicht so stark dazu verleitet, aus Bequemlichkeit einen Blick darauf zu werfen.

Lösungen:

Wer die Aufgaben der Schüler korrigiert, hängt zum einen von der Lerngruppe und zum anderen von den Vorlieben des unterrichtenden Lehrers ab. So kann dieser die Verbesserung der Schüleraufgaben selbst übernehmen oder diese Aufgabe in die Verantwortung der Kinder übergeben. In diesem Fall haben Sie die Möglichkeit, die Karten einfach auszuschneiden und zu laminieren, so befindet sich dann direkt auf der Rückseite der Aufgabe die passende Lösung zur einfachen Selbstkontrolle dazu. Alternativ können Sie die Seiten jedoch auch kopieren und die Lösungen, für die Schüler erkenntlich markiert, an einem passenden Ort positionieren.

Stationen-Laufzettel:

Der Stationen-Laufzettel ist so konzipiert, dass die Lehrkraft oder die Schüler die Stationsnummer (alternativ den Bereich) sowie den Stationsnamen eintragen. Die Kinder haken dann ab, wenn sie eine Station erledigt haben. Ein weiterer Haken wird gesetzt, wenn die Station korrigiert wurde. Dies geschieht entweder durch den Lehrer oder die Schüler selbst.

Viel Spaß und Erfolg beim Einsatz der Materialien wünschen Ihnen das Autorenteam des Kohl-Verlags und

Jürgen Tille-Koch

[1] *Die in diesem Text verwendete männliche Form schließt jeweils die weibliche mit ein.*

Symbole:

📖	Heft	⊙	Grundlegendes Niveau	(E)	Einzelaufgabe
✏️	Stift/Bleistifte	!	Mittleres Niveau		
📄	Blatt Papier	★	Erweitertes Niveau	(P)	Partneraufgabe

Name: _____ Datum: _____

Stationen-Laufzettel

⊙ **Grundlegendes Niveau**

Station	Stationsname	erledigt	korrigiert

! **Mittleres Niveau**

Station	Stationsname	erledigt	korrigiert

★ **Erweitertes Niveau**

Station	Stationsname	erledigt	korrigiert

 **Station**

Grundwissen 1

Der Begriff **Prozent** wurde aus den lateinischen Wörtern „pro" (für oder von) und „centum" (hundert) zusammengesetzt. Die gleiche Bedeutung hat das Prozentzeichen **%**.

7 % bedeutet also 7 von 100 Anteilen.

100 % bedeutet 100 von 100 Anteilen: **100 % ist das Ganze.**

Man kann **7 %** auch als Bruch oder als Dezimalzahl ausdrücken:

$$7\% = \frac{7}{100} = 0{,}07$$

Aufgabe 1: *Schreibe die Größen in der Prozentschreibweise.*

a) 0,03 =   0,2 =   0,18 =

    0,09 =   0,99 =   0,50 =

b) $\frac{17}{100} =$ $\frac{7}{10} =$ $\frac{7}{50} =$ $\frac{40}{50} =$ $\frac{10}{20} =$

 **Station**

Grundwissen 2

In der Prozentrechnung stehen drei Begriffe im Mittelpunkt:

Grundwert G: Mit dem Grundwert drückt man das Ganze aus, von dem der Anteil genommen wird.

Prozentwert W: Der Prozentwert ist sozusagen das Ergebnis. Nimmt man einen Anteil vom Ganzen, erhält man den Prozentwert.

Prozentsatz p%: Der Prozentsatz legt fest, wie viele Hundertstel vom Ganzen ausgewählt werden. Er ist am mitgeführten Prozentzeichen zu erkennen.

Aufgabe 1: *Bestimme in den folgenden Aufgaben den Grundwert, den Prozentwert und den Prozentsatz.*

a) Von den gut 180 Toren bei der Fußballweltmeisterschaft 2014 erzielte Deutschland 18. Das sind 10 Prozent.

b) 60 % der 400 Schafe von Schäfer Heinrich sind älter als 2 Jahre. Das sind genau 240 Tiere.

c) Der James-Bond-Film „Skyfall" (2012) hatte 7,4 Millionen Kinobesucher. 90 Prozent beurteilten den Film mit sehr gut. Das bedeuten 6,66 Millionen begeisterte Zuschauer.

 **Station**

Grundwissen 1

Lösung

Aufgabe 1: *Schreibe die Größen in der Prozentschreibweise.*

a) 3 %   20 %   18 %   9 %   99 %   50 %

b) 17 %   70 %   14 %   80 %   50 %

 **Station**

Grundwissen 2

Lösung

Aufgabe 1: *Bestimme in den folgenden Aufgaben den Grundwert, den Prozentwert und den Prozentsatz.*

a) Grundwert: 180 Tore; Prozentwert: 18 Tore; Prozentsatz: 10 %.

b) Grundwert: 400 Schafe; Prozentwert: 240 Schafe; Prozentsatz: 60 %.

c) Grundwert: 7,4 Millionen; Prozentwert: 6,66 Millionen; Prozentsatz: 90 %.

 **Station**

Grundwissen 3 – Berechnung mit dem Dreisatz

Berechnung mit dem Dreisatz

Beispiel Prozentwert:
Von den 60 Flaschen Orangensaft sind auf der letzten Party 30 % übriggeblieben.

Lösung:
100 % → 60 Flaschen / : 100
1 % → $\frac{60}{100}$ Flaschen / x 30
30 % → $\frac{60 \times 30}{100}$ Flaschen
= 18 Flaschen
Es sind 18 Flaschen übrig (= Prozentwert).

Aufgabe 1: *Bestimme den Prozentwert mit dem Dreisatz.*
  a) Von den 300 Schülern an Bens Schule sind 40 % an Grippe erkrankt.
  b) Mias Rasenmäher streikt. Es sind erst 45 % der 40 m² großen Rasenfläche gemäht.

Aufgabe 2: *Bestimme den Prozentsatz mit dem Dreisatz.*
  a) Von den 50 Fußballspielen hat Leons Mannschaft nur 6 verloren.
  b) Unter den 500 Losen einer Verlosung gibt es 150 Gewinne.

Aufgabe 3: *Bestimme den Grundwert mit dem Dreisatz.*
  a) 6 Schüler in Selinas Klasse hatten ein Superzeugnis, das sind 24 % von allen.
  b) Zum Schulfest haben 40 % aller Gäste etwas zu essen mitgebracht. Das waren 50 Gäste.

 **Station**

Grundwissen 4

Aufgabe 1: *Schreibe die Dezimalzahlen in der Prozentschreibweise.*
  a) 0,09 = _____   b) 0,27 = _____   c) 0,55 = _____
  d) 0,80 = _____   e) 1,5 = _____   f) 0,004 = _____

Aufgabe 2: *Schreibe die Prozentangabe als Bruchzahl. Kürze.*
  a) 10 % = _____   b) 50 % = _____   c) 20 % = _____
  d) 75 % = _____   e) 5 % = _____   f) 25 % = _____

Aufgabe 3: *Verwandle die Brüche in Dezimalzahlen und schreibe dann als Prozentangabe.*
  a) $\frac{17}{100}$ = _____ = _____   b) $\frac{3}{20}$ = _____ = _____
  c) $\frac{9}{50}$ = _____ = _____   d) $\frac{2}{25}$ = _____ = _____

Aufgabe 4: *Ordne die Zahlen der Größe nach. Beginne mit der kleinsten.*
  25 % ; $\frac{3}{50}$; 0,2 ; $\frac{1}{2}$ _____ _____ _____ _____

Station

Grundwissen 3 – Berechnung mit dem Dreisatz

Lösung

Aufgabe 1:

a) 100 % → 300 Schüler / : 100
1 % → $\frac{300}{100}$ Schüler / x 40
40 % → $\frac{300 \cdot 40}{100}$ Schüler
$= \frac{3 \cdot 40}{1} = 120$ Schüler

120 Schüler sind an Grippe erkrankt.

b) 100 % → 40 m² / : 100
1 % → $\frac{40}{100}$ m² / x 45
45 % → $\frac{40 \cdot 45}{100}$ m²
$= \frac{2 \cdot 45}{5} = 18$ m²

Mia hat erst 18 m² gemäht.

Aufgabe 2:

a) 50 Spiele → 100 % / : 50
1 Spiel → $\frac{100}{50}$ % / x 6
6 Spiele → $\frac{100 \cdot 6}{50}$ %
$= \frac{2 \cdot 6}{1} = 12$ %

Es wurden 12 % der Spiele verloren.

b) 2.500 Lose → 100 % / : 500
1 Los → $\frac{100}{500}$ % / x 150
150 Lose → $\frac{100 \cdot 150}{500}$ %
$= \frac{1 \cdot 50}{5}$ %

Es gibt 30 % Gewinne.

Aufgabe 3:

a) 24 % → 6 Schüler / : 24
1 % → $\frac{6}{24}$ Schüler / x 100
100 % → $\frac{6 \cdot 100}{24}$ Schüler
$= \frac{1 \cdot 100}{4} = 25$ Schüler

In der Klasse sind 25 Schüler.

b) 40 % → 50 Gäste / : 40
1 % → $\frac{50}{40}$ Gäste / x 100
100 % → $\frac{50 \cdot 100}{40}$ Gäste
$= \frac{5 \cdot 100}{4} = 125$ Gäste

125 Gäste kamen zum Schulfest.

Station

Grundwissen 4

  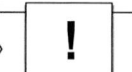

Lösung

Aufgabe 1: *Schreibe die Dezimalzahlen in der Prozentschreibweise.*

a) 0,09 = **9 %**   b) 0,27 = **27 %**   c) 0,55 = **55 %**
d) 0,80 = **80 %**   e) 1,5 = **150 %**   f) 0,004 = **0,4 %**

Aufgabe 2: *Schreibe die Prozentangabe als Bruchzahl. Kürze.*

a) 10 % = $\frac{1}{10}$ b) 50 % = $\frac{1}{2}$ c) 20 % = $\frac{1}{5}$
d) 75 % = $\frac{3}{4}$ e) 5 % = $\frac{1}{20}$ f) 25 % = $\frac{1}{4}$

Aufgabe 3: *Verwandle die Brüche in Dezimalzahlen und schreibe dann als Prozentangabe.*

a) $\frac{17}{100} = 0{,}17 = $ **17%**   b) $\frac{3}{20} = 0{,}15 = $ **15 %**
c) $\frac{9}{50} = 0{,}18 = $ **18 %**   d) $\frac{2}{25} = 0{,}08 = $ **8 %**

Aufgabe 4: *Ordne die Zahlen der Größe nach. Beginne mit der kleinsten.*

$\frac{3}{50}$ (= 0,06) < **0,2** (= 0,20) < **25 %** (= 0,25) < $\frac{1}{2}$ (= 0,5)

 **Station**

Grundwissen 5 – Berechnung mit dem Dreisatz

Überlege vor der Berechnung, welcher Wert gesucht ist.

Aufgabe 1: Die Donau entspringt in Baden-Württemberg und ist nach der Wolga der zweitgrößte Fluss in Europa. Sie ist fast 3000 km lang und fließt gut 240 km durch dieses Bundesland. Wie viel Prozent sind das?

Aufgabe 2: Leonie ist Fan der deutschen Rockgruppe Rammstein. Der Preis des letzten Doppelalbums von € 24 ist um 25 % reduziert. Sie kauft es sich sofort.

Aufgabe 3: Ben hat einen langen Weg zur Schule. Bis zur Bushaltestelle geht er 600 m, das sind 5 % der Gesamtstrecke. Berechne die Länge seines ganzen Schulweges.

Aufgabe 4: Nach einer Umfrage besaßen im Jahr 2017 von 10.000 Kindern zwischen 8 und 9 Jahren 18 % ein eigenes Smartphone. Berechne die Zahl der Kinder <u>ohne</u> Smartphone.

 **Station**

Grundwissen 6

Aufgabe 1: Lege die Kärtchen wie beim Dominospiel so aneinander, dass jeweils gleiche Werte aneinander stoßen. Die Buchstaben in der Mitte ergeben in der richtigen Reihenfolge das Lösungswort.

0,65	E	100 %		0,5	U	150 %		$33\frac{1}{3}$ %	R	$\frac{13}{20}$

140 %	N	0,35		320 %	H	70 %		$\frac{3}{2}$	M	$\frac{1}{3}$

4	E	$\frac{7}{5}$		$\frac{7}{10}$	N	400 %		1	C	$3\frac{1}{5}$

Lösungswort: ___ ___ ___ ___ ___ ___ ___ ___ ___

Station

Grundwissen 5 – Berechnung mit dem Dreisatz

Lösung

Aufgabe 1: gesucht: Prozentsatz

$$3000 \text{ km} \rightarrow 100 \% \quad / : 3000$$
$$1 \text{ km} \rightarrow \frac{100}{3500} \% \quad / \times 240$$
$$240 \text{ km} \rightarrow \frac{100 \cdot 240}{3000} \%$$
$$= \frac{1 \cdot 24}{3} = 8 \%$$

8 % der Donau fließen durch BW.

Aufgabe 2: gesucht: Prozentwert

$$100 \% \rightarrow 24 \text{ €} \quad / : 100$$
$$1 \% \rightarrow \frac{24}{100} \text{ €} \quad / \times 25$$
$$25 \% \rightarrow \frac{24 \cdot 25}{100} \text{ €}$$
$$= \frac{24 \cdot 6}{4} = 6 \text{ €}$$

Die CD kostet jetzt € 18.

Aufgabe 3: gesucht: Grundwert

$$5 \% \rightarrow 600 \text{ m} \quad / : 5$$
$$1 \% \rightarrow \frac{600}{5} \text{ m} \quad / \times 100$$
$$100 \% \rightarrow \frac{600 \cdot 500}{5} \text{ m}$$
$$= \frac{600 \cdot 20}{1} = 12\,000 \text{ m}$$

Sein Schulweg ist 12 km lang.

Aufgabe 4: gesucht: Prozentwert

$$100 \% \rightarrow 10\,000 \text{ Jgdl.} \quad / : 100$$
$$1 \% \rightarrow \frac{10\,000}{100} \text{ Jgdl.} \quad / \times 82$$
$$82 \% \rightarrow \frac{10\,000 \cdot 82}{100} \text{ Jgdl.}$$
$$= \frac{100 \cdot 82}{1} = 8\,200 \text{ Jgdl.}$$

Von 10 000 Jugendlichen hatten 8 200 kein eigenes Smartphone.

Station

Grundwissen 6

Lösung

Aufgabe 1: Lege die Kärtchen wie beim Dominospiel so aneinander, dass jeweils gleiche Werte aneinander stoßen. Die Buchstaben in der Mitte ergeben in der richtigen Reihenfolge das Lösungswort.

Lösungswort: U M R E C H N E N

Station P — Grundwissen 7 – Berechnung mit dem Dreisatz

Überlege vor der Berechnung, welcher Wert gesucht ist.

Aufgabe 1: In Marias Klasse spielen 80 % ein Instrument. Klavier spielen 8 Personen, 6 lernen Schlagzeug, Geige 4, je 2 spielen Posaune und Tuba, je 1 spielt Akkordeon und Querflöte. Berechne, wie viele Mitschülerinnen und Mitschüler Maria hat.

Aufgabe 2: In England wurden 35 000 Jugendliche zwischen 8 und 16 Jahren zu ihren Lesegewohnheiten befragt. Die Umfrage hat ergeben, dass 39 % PC, Tablets oder E-Reader nutzen. Berechne die Anzahl der Nutzer dieser elektronischen Geräte.

Aufgabe 3: Die Auftaktsendung der 7. Staffel der Casting-Show „The Voice of Germany" am 20.10.2017 sahen fast 3,9 Millionen Fernsehzuschauer, das war eine Quote von ca. 13 %. Berechne, wie viele Zuschauer an diesem Abend den Fernseher eingeschaltet hatten.

Aufgabe 4: Der ursprüngliche Preis einer PC-Anlage beträgt € 1320. In einer Aktion wird sie jetzt für € 990 angeboten. Berechne, um wie viel Prozent der Preis gesenkt wurde.

Station E — Darstellung von Prozentsätzen 1

Aufgabe 1: Gib die gefärbten Anteile in Prozent an.

a) 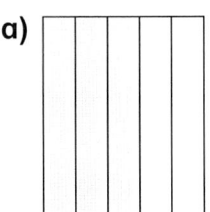 b) 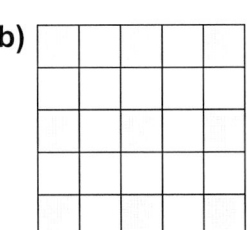 c) 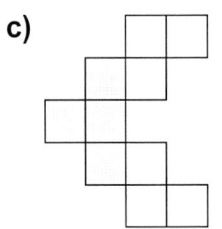 d)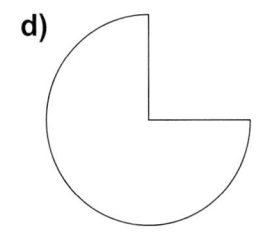

Aufgabe 2: Ordne den Kreisausschnitten diese Prozentangaben zu.

a) 60 %
b) 30 %
c) 10 %

Aufgabe 3: Färbe den angegebenen Anteil.

25 %

 **Station**

Grundwissen 7 – Berechnung mit dem Dreisatz

Lösung

Aufgabe 1: *gesucht: Grundwert*

$80\% \rightarrow 24$ Sch. / : 80

$1\% \rightarrow \frac{24}{80}$ Sch. / x 100

$100\% \rightarrow \frac{24 \cdot 100}{80}$ Sch.

$= \frac{24 \cdot 5}{4} = 30$ Sch.

Maria hat noch 29 Mitschülerinnen und Mitschüler.

Aufgabe 2: *gesucht: Prozentwert*

$100\% \rightarrow 35\,000$ Leser / : 100

$1\% \rightarrow \frac{35\,000}{100}$ Leser / x 39

$39\% \rightarrow \frac{35\,000 \cdot 39}{100}$ Leser

$= \frac{350 \cdot 39}{1} = 13\,650$ Leser

Es gibt 13 650 Nutzer dieser Medien.

Aufgabe 3: *gesucht: Grundwert*

$13\% \rightarrow 3\,900\,000$ Zusch. / : 13

$1\% \rightarrow \frac{3\,900\,000}{13}$ Zusch. / x 100

$100\% \rightarrow \frac{3\,900\,000 \cdot 100}{13}$ Zusch.

$= \frac{300\,000 \cdot 100}{1} = 30$ Mio. Zusch.

30 Mio. Zuschauer hatten den Fernseher eingeschaltet.

Aufgabe 4: *gesucht: Prozentsatz*

$1320\,€ \rightarrow 100\%$ / : 1320

$1\,€ \rightarrow \frac{100}{1320}\%$ / x 330

$330\,€ \rightarrow \frac{100 \cdot 330}{1320}\%$

$= \frac{100 \cdot 1}{4} = 25\%$

Der Preis wird um 25 % gesenkt.

 **Station**

Darstellung von Prozentsätzen 1

Lösung

Aufgabe 1: *Gib die gefärbten Anteile in Prozent an.*

a) 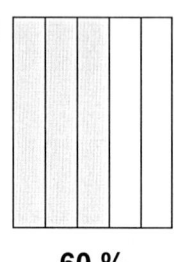 **60 %**

b) 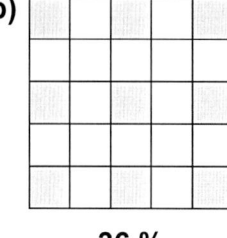 **36 %**

c) 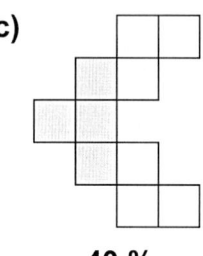 **40 %**

d) 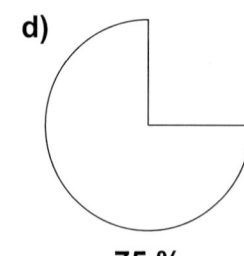 **75 %**

Aufgabe 2: *Ordne den Kreisausschnitten diese Prozentangaben zu.*

a) 60 %
b) 30 %
c) 10 %

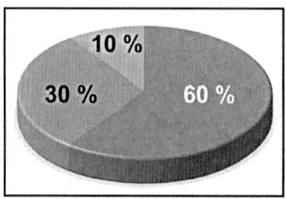

Aufgabe 3: *Färbe den angegebenen Anteil.*

25 %

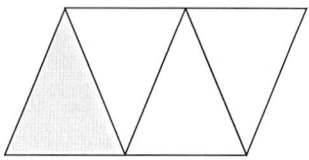

Station E

Darstellung von Prozentsätzen 2

Aufgabe 1: *Stelle die Angaben in diesem Kreisdiagramm dar.*

1000 Jugendliche wurden zu ihrem Hörverhalten befragt:

- 5 % Theater, Oper, Ballett
- 10 % Konzert Rock, Pop
- 5 % Musik machen
- 50 % Musik hören
- 30 % Radio hören

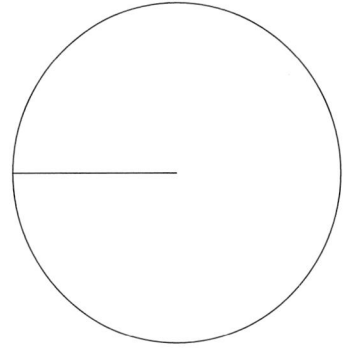

Aufgabe 2: *Stelle die Angaben in einem Blockdiagramm dar.*

Nach einer Studie zum Tragen von Fahrradhelmen gaben 1000 Befragte an:

- 25 % Nein, nie.
- 40 % Ja, immer.
- 20 % Ja, meistens.
- 15 % Ja, gelegentlich.

Station P

Prozentwert 1

Formel zur Berechnung des Prozentwertes:

$$W = \frac{G \cdot p}{100}$$

Aufgabe 1: *Berechne den fehlenden Wert.*

G	120 €	20 l	40 cm	200 km	600 €	700 kg	500 g
p %	10 %	30 %	5 %	25 %	12 %	50 %	8 %
W							

Aufgabe 2: *20 % von den 25 Schülerinnen und Schülern aus Lenas Klasse sind in die Sommerferien gefahren. Wie viele sind in den ganzen Ferien zu Hause geblieben?*

Seite 15

 **Station**

Darstellung von Prozentsätzen 2

Lösung

Aufgabe 1: *Stelle die Angaben in diesem Kreisdiagramm dar.*

1000 Jugendliche wurden zu ihrem Hörverhalten befragt:

  5 % = 18° Theater, Oper, Ballett
10 % = 36° Konzert Rock, Pop
  5 % = 18° Musik machen
50 % = 180° Musik hören
30 % = 108° Radio hören

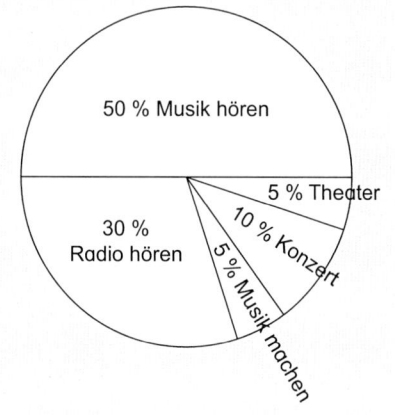

Aufgabe 2: *Stelle die Angaben in einem Blockdiagramm dar.*

Nach einer Studie zum Tragen von Fahrradhelmen gaben 1000 Befragte an:

25 % Nein, nie.
40 % Ja, immer.
20 % Ja, meistens.
15 % Ja, gelegentlich.

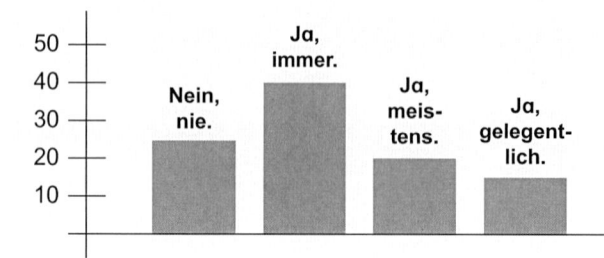

 **Station**

Prozentwert 1

Lösung

Aufgabe 1: *Berechne den fehlenden Wert.*

G	120 €	20 l	40 cm	200 km	600 €	700 kg	500 g
p %	10 %	30 %	5 %	25 %	12 %	50 %	8 %
W	12 €	6 l	2 cm	50 km	72 €	350 kg	40 g

Aufgabe 2: *20 % von den 25 Schülerinnen und Schülern aus Lenas Klasse sind in die Sommerferien gefahren. Wie viele sind in den ganzen Ferien zu Hause geblieben?*

$$W = \frac{25 \cdot 20}{100}$$

$$= \frac{1 \cdot 20}{4}$$

= 5 Schüler sind in die Sommerferien gefahren.

20 Schülerinnen und Schüler sind in den Ferien zu Hause geblieben.

 **Station**

Prozentwert 2

Aufgabe 1: Berechne den fehlenden Wert.

G	400 €	10 m²	140 cm	10 000 €	100 kg	144 km	50 g
p %	80 %	30 %	5 %	25 %	15 %	50 %	8 %
W							

Aufgabe 2: Mias bedruckter Hoodie kostet eigentlich 40 Euro. Sie hat ihn im Schlussverkauf 25 % billiger bekommen. Wie viel hat sie bezahlt?

Aufgabe 3: Ben liebt vor allen Dingen die früheren Punk-Songs der Band „Tote Hosen". Er besucht natürlich ihr Konzert in seiner Stadt. Von den 7000 Tickets wurden am ersten Tag schon 60 % verkauft. Wie viele Tickets können noch verkauft werden?

 **Station**

Prozentwert 3

Aufgabe 1: Berechne den fehlenden Wert.

G	5 m²	20 kg	90 €	85 m	24 ha	9 km	499 €
p %	12 %	90 %	30 %	10 %	35 %	40 %	0 %
W							

Aufgabe 2: Leon möchte sich von seinem gesparten Taschengeld ein neues Mountainbike kaufen. Es soll € 480 kosten. Er handelt und bekommt einen Nachlass von 12,5 %. Berechne, wie viel er noch bezahlen muss.

Aufgabe 3: Mia hat ein neues Smartphone bekommen. Die Akkuleistung beträgt nach Herstellerangabe 12 Stunden. Die Leistung ist damit um 10 % höher als die des alten Smartphones. Wie hoch war die Leistung dieses Gerätes? Berechne nach Minuten.

 **Station**

Prozentwert 2

Lösung

Aufgabe 1: Berechne den fehlenden Wert.

G	400 €	10 m²	140 cm	10 000 €	100 kg	144 km	50 g
p %	80 %	30 %	5 %	25 %	15 %	50 %	8 %
W	320 €	3 m²	7 cm	2500 €	15 kg	72 km	4 g

Aufgabe 2:
$$W = \frac{40 \cdot 25}{100}$$
$$= \frac{40 \cdot 1}{4}$$
$$= 10\ €$$

Sie hat € 30 bezahlt.

Aufgabe 3:
$$W = \frac{7000 \cdot 60}{100}$$
$$= \frac{70 \cdot 60}{1}$$
$$= 4200\ \text{Tickets}$$

Es können noch 2800 Tickets verkauft werden.

 **Station**

Prozentwert 3

Lösung

Aufgabe 1: Berechne den fehlenden Wert.

G	5 m²	20 kg	90 €	85 m	24 ha	9 km	499 €
p %	12 %	90 %	30 %	10 %	35 %	40 %	0 %
W	0,6 m²	18 kg	27 €	8,5 m	4,8 ha	3,6 km	0 €

Aufgabe 2:
$$W = \frac{480 \cdot 12,5}{100}$$
$$= 4,8 \cdot 12,5$$
$$= 60\ €$$

Er muss noch 420 € bezahlen.

Aufgabe 3:
$$W = \frac{720 \cdot 10}{100}$$
$$= 72 \cdot 1$$
$$= 72\ \text{Minuten}$$

Die Leistung war 72 Min. (1,2 Std.) geringer und betrug damit 648 Min. (10 Std. 48 Min.; 10,8 Std.).

 **Station**

Prozentwert 4

Aufgabe 1: *Berechne den fehlenden Wert.*

G	640 t	1800 m	186 l	25 kg	40°	160 mm	60 €
p %	12,5 %	4,5 %	80 %	48 %	36 %	7 %	18 %
W							

Aufgabe 2: *Jakob nutzt ein Sonderangebot für T-Shirts, die 10 € das Stück kosten. Beim Kauf eines weiteren T-Shirts erhält er einen Rabatt von 10 % auf das zweite Stück. Kauft er ein drittes, erhält er einen Nachlass von 20 % auf das dritte. Wie viel zahlt Jakob für 3 T-Shirts?*

Aufgabe 3: *Anna-Lena handelt mit ihrem Vater eine Erhöhung ihres monatlichen Taschengeldes von 25 € aus. Ab sofort erhält sie 30 % mehr, in einem Jahr wird dieser neue Betrag wiederum um 30 % erhöht. Berechne die Höhe ihres Taschengeldes in einem Jahr.*

 **Station**

Prozentwert 5

Aufgabe 1: *Berechne den fehlenden Wert.*

G	13 kg	50 €	1500 m²	62,4 l	1800 m	3 t	9 €
p %	90 %	88 %	17,8 %	31 %	4½ %	12,5 %	40 %
W							

Aufgabe 2: *Das Rennrad M Bike Carbon Racer von BMW wird für 2750 € angeboten. Louises Vater ist leidenschaftlicher Hobbyfahrer und bekommt es als treuer Kunde um 17,5 % günstiger. Berechne den Endbetrag.*

Aufgabe 3: *Im Jahr 2017 wurden in Deutschland ungefähr 36800 Elektrofahrzeuge verkauft. Verglichen mit 2016 war das eine Steigerung von 46,5 %. Berechne die Verkaufszahlen von E-Fahrzeugen für 2016.*

 **Station**

Prozentwert 4

Lösung

Aufgabe 1: *Berechne den fehlenden Wert.*

G	640 t	1800 m	186 l	25 kg	40°	160 mm	60 €
p %	12,5 %	4,5 %	80 %	48 %	36 %	7 %	18 %
W	**80 t**	**81 m**	**148,8 l**	**12 kg**	**14,4°**	**11,2 mm**	**10,80 €**

Aufgabe 2:

2. Shirt = $\dfrac{10 \cdot 10}{100}$

= 1 € Rabatt

3. Shirt = $\dfrac{10 \cdot 20}{100}$

= 2 € Rabatt

Jakob zahlt für 3 T-Shirts 27 €.

Aufgabe 3:

sofort = $\dfrac{25 \cdot 30}{100}$ = 7,50 €

= 32,50 €

nach 1 Jahr = $\dfrac{32,50 \cdot 30}{100}$ = 9,75 €

= 42,25 €

Sie bekommt nach 1 Jahr 42,25 €.

 **Station**

Prozentwert 5

Lösung

Aufgabe 1: *Berechne den fehlenden Wert.*

G	13 kg	50 €	1500 m²	62,4 l	1800 m	3 t	9 €
p %	90 %	88 %	17,8 %	31 %	4½ %	12,5 %	40 %
W	**11,7 kg**	**44 €**	**267 m²**	**19,344 l**	**81 m**	**0,375 t**	**3,60 €**

Aufgabe 2:

W = $\dfrac{2750 \cdot 17,5}{100}$

= 27,5 · 17,5

= 481,25 €

2750 € - 481,25 € = 2268,75 €

Er bezahlt für das Rennrad 2268,75 €.

Aufgabe 3:

W = $\dfrac{36\,800 \cdot 46,5}{100}$

= 368 · 46,5

= 17112 E-Fahrzeuge

2016 wurden ungefähr 17112 E-Fahrzeuge verkauft.

Station E

Prozentwert 6

Aufgabe 1: Berechne den fehlenden Wert.

G	24 kg	38 €	1400 m²	67,2 l	1900 m	6 t	19 €
p %	77 %	46 %	16,5 %	25 %	3½ %	17,5 %	40 %
W							

Aufgabe 2: In Deutschland sind fast 23,8 Millionen Menschen Mitglied in einem Sportverein. Fast 2,7 % von ihnen sind Mitglied in einem Verein in Berlin. Berechne die Anzahl der Mitglieder in einem Berliner Sportverein.

Aufgabe 3: Bei der Bundestagswahl 2017 haben in Deutschland von den 61,5 Millionen Wahlberechtigten 76,2 % ihr Wahlrecht wahrgenommen. Berechne die Zahl der Nichtwähler.

Station P

Prozentsatz 1

Formel zur Berechnung des Prozentsatzes:

$$p = \frac{W \cdot 100}{G}$$

Aufgabe 1: Berechne den fehlenden Wert.

W	14 €	30 m	24 kg	75 €	377 km	4 g	12 l
G	50 €	100 m	80 kg	75 €	754 km	5 g	16 l
p %							

Aufgabe 2: Jannik träumt von der PlayStation 4. Im Elektronikshop bekommt er sie für 390 € angeboten. Da er zögert, bietet ihm der Verkäufer die PlayStation für 351 € an. Berechne den Prozentsatz des Preisnachlasses.

Station E — Prozentwert 6 — Lösung

Aufgabe 1: Berechne den fehlenden Wert.

G	24 kg	38 €	1400 m²	67,2 l	1900 m	6 t	19 €
p %	77 %	46 %	16,5 %	25 %	3½ %	17,5 %	40 %
W	18,48 kg	17,48 €	231 m²	16,8 l	66,5 m	1,05 t	7,60 €

Aufgabe 2:
$$W = \frac{23\,800\,000 \cdot 2{,}7}{100}$$
$$= 238\,000 \cdot 2{,}7$$
$$= 642\,600 \text{ Personen}$$

In Berlin sind ungefähr 642 600 Personen Mitglied in einem Sportverein.

Aufgabe 3:
$$W = \frac{61\,500\,000 \cdot 76{,}2}{100}$$
$$= 615\,000 \cdot 76{,}2$$
$$= 46\,863\,000$$

$61\,500\,000 - 46\,863\,000 = 14\,637\,000$

Bei der Bundestagswahl 2017 gab es 14 637 000 Nichtwähler.

Station P — Prozentsatz 1 — Lösung

Aufgabe 1: Berechne den fehlenden Wert.

W	14 €	30 m	24 kg	75 €	377 km	4 g	12 l
G	50 €	100 m	80 kg	75 €	754 km	5 g	16 l
p %	28 %	30 %	30 %	100 %	50 %	80 %	75 %

Aufgabe 2: 390 € - 351 € = 39 € Nachlass

$$p = \frac{39 \cdot 100}{390}$$
$$= \frac{1 \cdot 100}{10}$$
$$= 10 \%$$

Der Prozentsatz beträgt 10 %.

 **Station**

Prozentsatz 2

Aufgabe 1: Berechne den fehlenden Wert.

W	48 €	8 t	12 l	80 m	96 g	114 cm²	15 €
G	64 €	80 t	80 l	500 m	200 g	760 cm²	300 €
p %							

Aufgabe 2: Camila ist beim Kauf eines neuen Autos dabei. Es soll 20 000 € kosten. Der Verkäufer bietet es ihrem Vater für 19 000 € an. Berechne, auf wie viel Prozent der Verkäufer verzichtet.

Aufgabe 3: Die Vierschanzentournee am Ende eines Jahres ist ein Höhepunkt für die Skispringer. Sie fand in der Saison 2017/18 zum 66. Mal statt. Nur 2 Springer in der Geschichte dieser Tournee haben bisher jeweils alle 4 Springen gewonnen. Berechne den Prozentsatz.

 **Station**

Prozentsatz 3

Aufgabe 1: Berechne den fehlenden Wert.

W	178 g	53,30 €	45 min.	2,6 cm	21,4 kg	85,8 km	10 €
G	200 g	820 €	1 Std.	5 cm	42,8 kg	132 km	80 €
p %							

Aufgabe 2: Mathematik ist Fatimas Lieblingsfach. Sie hat von den 20 Aufgaben der letzten Mathematikarbeit 16 Aufgaben richtig gerechnet. Berechne, wie viel Prozent sie richtig gelöst hat.

Aufgabe 3: Beim letzten Sportfest hat Lena ihren persönlichen Weitsprungrekord von 3,80 m um 57 cm gesteigert. Berechne, um wie viel Prozent sie sich verbessert hat.

 **Station**

Prozentsatz 2

Lösung

Aufgabe 1: Berechne den fehlenden Wert.

W	48 €	8 t	12 l	80 m	96 g	114 cm²	15 €
G	64 €	80 t	80 l	500 m	200 g	760 cm²	300 €
p %	75 %	10 %	15 %	16 %	48 %	15 %	5 %

Aufgabe 2: 20 000 € - 19 000 €
= 1 000 € Nachlass

$$p = \frac{1000 \cdot 100}{20\,000}$$

$$= \frac{10 \cdot 1}{2}$$

$$= 5\,\%$$

Der Verkäufer verzichtet auf 5 %.

Aufgabe 3: $p = \dfrac{2 \cdot 100}{66}$

$$= \frac{1 \cdot 100}{33}$$

$$= 3{,}0303$$

$$= 3\,\%$$

Das entspricht einem Prozentsatz von 3 %.

 **Station**

Prozentsatz 3

Lösung

Aufgabe 1: Berechne den fehlenden Wert.

W	178 g	53,30 €	45 min.	2,6 cm	21,4 kg	85,8 km	10 €
G	200 g	820 €	1 Std.	5 cm	42,8 kg	132 km	80 €
p %	89 %	6,5 %	75 %	52 %	50 %	65 %	12,5 %

Aufgabe 2: $p = \dfrac{16 \cdot 100}{20}$

$$= \frac{16 \cdot 5}{1}$$

$$= 80\,\%$$

Sie hat 80 % richtig gelöst.

Aufgabe 3: $p = \dfrac{57 \cdot 100}{380}$

$$= \frac{57 \cdot 10}{38}$$

$$= 15\,\%$$

Lena hat sich um 15 % verbessert.

 **Station**

Prozentsatz 4

Aufgabe 1: *Berechne den fehlenden Wert.*

W	9 m²	52,50 €	114 kg	648 m	33 g	90 €	55
G	40 cm²	75 €	190 kg	1600 m	120 g	500 €	10
p %							

Aufgabe 2: *Im Unterricht wird das oft undisziplinierte Verhalten von Fußgängern im Straßenverkehr thematisiert. Anna-Lena und Hamoudi erklären sich bereit, am Nachmittag das Verhalten an einer Fußgängerampel zu beobachten. Sie notieren, dass in einer Stunde 42 von 168 Fußgängern die Straße bei roter Ampel überqueren. Berechne den Prozentsatz.*

Aufgabe 3: *Ben darf sich für die Skifreizeit neue Langlaufskier kaufen. Er entscheidet sich für ein Paar, das von 99 € auf 59,40 € reduziert ist. Um wie viel Prozent wurde der Preis reduziert?*

 **Station**

Prozentsatz 5

Aufgabe 1: *Berechne den fehlenden Wert.*

W	45 g	12¾ kg	25,5 cm	330 000 km	279 m	38,75 €	150 €
G	240 g	300 kg	150 cm	6,6 Mio. km	900 m	116,25 €	625 €
p %							

Aufgabe 2: *Die Fußballbundesliga 2016/17 war die 54. Bundesligasaison. Von den 54 Herbstmeistern wurden am Ende 37 auch Deutscher Fußballmeister. Berechne den Prozentsatz. Runde sinnvoll.*

Aufgabe 3: *Lisa ist von den Sprechern aller Stufen und Klassen und deren Stellvertretern zur Schulsprecherin gewählt worden. Von den 25 Wahlberechtigten haben sie 22 gewählt. Berechne, wie viel Prozent der Wähler für sie gestimmt haben.*

 **Station**

Prozentsatz 4

Lösung

Aufgabe 1: *Berechne den fehlenden Wert.*

W	9 m²	52,50 €	114 kg	648 m	33 g	90 €	55
G	40 cm²	75 €	190 kg	1600 m	120 g	500 €	10
p %	22,5 %	70 %	60 %	40,5 %	27,5 %	18 %	55 %

Aufgabe 2:
$$p = \frac{42 \cdot 100}{168}$$
$$= \frac{1 \cdot 100}{4}$$
$$= 25 \%$$

25 % überqueren die Straße bei Rot.

Aufgabe 3: 99 € − 59,40 € = 39,60 €
(reduzierter Betrag)

$$p = \frac{39{,}60 \cdot 100}{99}$$
$$= \frac{4400}{11}$$
$$= 40 \%$$

Der Preis ist um 40 % reduziert.

 **Station**

Prozentsatz 5

Lösung

Aufgabe 1: *Berechne den fehlenden Wert.*

W	45 g	12¾ kg	25,5 cm	330 000 km	279 m	38,75 €	150 €
G	240 g	300 kg	150 cm	6,6 Mio. km	900 m	116,25 €	625 €
p %	18,75 %	4,25 %	17 %	5 %	31 %	33⅓ %	24 %

Aufgabe 2:
$$p = \frac{37 \cdot 100}{54}$$
$$= 3700 : 54$$
$$\approx 68{,}5185 \%$$

Der Prozentsatz beträgt ca. 68,5 %.

Aufgabe 3:
$$p = \frac{22 \cdot 100}{25}$$
$$= 22 \cdot 4$$
$$= 88 \%$$

Sie ist mit 88 % der Stimmen gewählt worden.

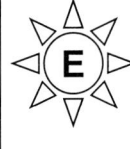 **Station**

Prozentsatz 6

Aufgabe 1: Berechne den fehlenden Wert.

W	70,50 €	3¾ m	125,50 €	8,5 kg	9000 €	4,5 cm	110 km
G	1500 €	10 m	625 €	34 kg	50 000 €	120 cm	800 km
p %							

Aufgabe 2: Kamil hilft seinem Vater, das Badezimmer neu zu verfliesen. Für die gemessene Fläche von 6,4 m² haben sie Fliesen mit einer Kantenlänge von 20 cm ausgesucht. Wegen des komplizierten Raumzuschnitts kalkulieren sie mit einem Verschnitt von 24 Fliesen. Berechne den Verschnitt in Prozent.

Aufgabe 3: Von 2013 bis 2016 wurden in Deutschland insgesamt 1 700 529 Asylsuchende registriert. Im Jahr 2015 waren es 890 000 und bis November 2017 173 000. Berechne den prozentualen Anteil der beiden Jahre.

 **Station**

Grundwert 1

Formel zur Berechnung des Grundwertes:

$$G = \frac{W \cdot 100}{p}$$

Aufgabe 1: Berechne den fehlenden Wert.

W	420 €	15 kg	10 cm	15 €	670 m	30 ct.	20 g
p %	35 %	5 %	50 %	25 %	10 %	75 %	40 %
G							

Aufgabe 2: Greta und Lian fahren in den Ferien mit ihrem Fahrrad zu ihrer Oma. Nach 12 km und 40 % der Gesamtstrecke legen sie eine Pause ein. Berechne, nach wie vielen Kilometern sie bei ihrer Oma angekommen sind.

 **Station**

Prozentsatz 6

Lösung

Aufgabe 1: Berechne den fehlenden Wert.

W	70,50 €	3¾ m	125,50 €	8,5 kg	9000 €	4,5 cm	110 km
G	1500 €	10 m	625 €	34 kg	50 000 €	120 cm	800 km
p %	4,7 %	37,5 %	20,08 %	25 %	18 %	3¾ %	13,75 %

Aufgabe 2:
W = 24 Fliesen
G = 6,4 m² : (0,2 m • 0,2 m)
  = 6,4 m² : 0,04 m²
  = 160 Fliesen

$p = \dfrac{24 \cdot 100}{160}$
  = 3 • 5
  = 15 %

Sie kalkulieren mit einem Verschnitt von 15 %.

Aufgabe 3:
2015: $p = \dfrac{890\,000 \cdot 100}{1\,700\,529}$
  ~ 52,3 %

2017: $p = \dfrac{173\,000 \cdot 100}{1\,700\,529}$
  ~ 10,2 %

2015 kamen ca. 52,3 % und 2017 ca. 10,2 % aller Asylsuchenden.

 **Station**

Grundwert 1

Lösung

Aufgabe 1: Berechne den fehlenden Wert.

W	420 €	15 kg	10 cm	15 €	670 m	30 ct.	20 g
p %	35 %	5 %	50 %	25 %	10 %	75 %	40 %
G	1200 €	300 kg	20 cm	60 €	6700 m	40 ct.	50 g

Aufgabe 2:
$G = \dfrac{W \cdot 100}{p}$

$= \dfrac{12 \cdot 100}{40}$

= 3 • 10
= 30 km

Die Gesamtstrecke beträgt 30 km.

Station E

Grundwert 2

Aufgabe 1: Berechne den fehlenden Wert.

W	20 kg	21 mm	17 g	800 €	19 m	5°	324 €
p %	25 %	15 %	68 %	32 %	25 %	20 %	9 %
G							

Aufgabe 2: Für jede Vorstellung des Zirkus „Maximalimus" werden 75 Freikarten für Bedürftige ausgegeben. Das sind 15 % des Gesamtkontingents. Berechne, wie viele Karten insgesamt angeboten werden können.

Aufgabe 3: Bei der jährlichen Fahrradkontrolle an Zarahs Schule hatten 88 Räder eine defekte Lichtanlage, das waren 22 % aller kontrollierten Räder. Berechne, wie viele Fahrräder überprüft wurden.

Station P

Grundwert 3

Aufgabe 1: Berechne den fehlenden Wert.

W	342 €	1073 kg	468 €	24 m	114 g	320 km	156 l
p %	45 %	18,5 %	6 %	80 %	12 %	4 %	12 %
G							

Aufgabe 2: Silas hat ein Notebook entdeckt, das zum Sonderpreis von 312 € angeboten wird. Das sind 78 % des alten Preises. Berechne den ursprünglichen Preis des Notebooks.

Aufgabe 3: Naomis Vater ist in ihrem Wohnort als Bürgermeisterkandidat der Freien Wählergemeinschaft FWG mit 45,5 % der Wählerstimmen zum Bürgermeister gewählt worden. Damit haben ihm 2275 Wähler ihre Stimme gegeben. Berechne die Gesamtzahl der Wahlberechtigten.

 **Station**

Grundwert 2

Lösung

Aufgabe 1: Berechne den fehlenden Wert.

W	20 kg	21 mm	17 g	800 €	19 m	5°	324 €
p %	25 %	15 %	68 %	32 %	25 %	20 %	9 %
G	80 kg	140 mm	25 g	2500 €	76 m	25°	3600 €

Aufgabe 2:
$$G = \frac{W \cdot 100}{p}$$
$$= \frac{75 \cdot 100}{15}$$
$$= 5 \cdot 100$$
$$= 500$$

Es können jeweils 500 Karten verkauft werden.

Aufgabe 3:
$$G = \frac{W \cdot 100}{p}$$
$$= \frac{88 \cdot 100}{22}$$
$$= 4 \cdot 100$$
$$= 400$$

Es wurden 400 Fahrräder kontrolliert.

 **Station**

Grundwert 3

Lösung

Aufgabe 1: Berechne den fehlenden Wert.

W	342 €	1073 kg	468 €	24 m	114 g	320 km	156 l
p %	45 %	18,5 %	6 %	80 %	12 %	4 %	12 %
G	760 €	5800 kg	7800 €	30 m	950 g	8000 km	1300 l

Aufgabe 2:
$$G = \frac{312 \cdot 100}{78}$$
$$= \frac{4 \cdot 100}{1}$$
$$= 400$$

Das Notebook kostete ursprünglich 400 €.

Aufgabe 3:
$$G = \frac{2275 \cdot 100}{45,5}$$
$$= \frac{50 \cdot 100}{1}$$
$$= 5000$$

Es waren 5000 Wahlberechtigte.

Station E

Grundwert 4

Aufgabe 1: Berechne den fehlenden Wert.

W	351 g	1071 €	171 kg	480 m	374 m²	23 cm	9 g
p %	27 %	63 %	95 %	64 %	88 %	92 %	2 %
G							

Aufgabe 2: Jakob ist ein ausgezeichneter Klavierspieler. Seine Eltern wollen ein neues Klavier anschaffen, da seine Mutter und seine jüngere Schwester Cara ebenfalls spielen. Bei der Bestellung zahlen sie € 909 an, das sind 18 % des Kaufpreises. Berechne den Preis des Instrumentes.

Aufgabe 3: Leandro verbringt in den Sommerferien mit seinen Eltern eine Woche auf Mallorca. Durch Nutzung des Frühbucherrabatts zahlen 3 Personen für Flug und Hotel nur 594 €, was 88 % des eigentlichen Reisepreises bedeutet.
a) Berechne den Reisepreis bei einer späteren Buchung.
b) Wie hoch ist der Frühbucherrabatt?

Station P

Grundwert 5

Aufgabe 1: Berechne den fehlenden Wert.

W	28,60 €	396,8 km	2,94 €	819 hl	0,1 ml	10 763 m	2,73 €
p %	25 %	40 %	3 %	54,6 %	0,4 %	23,5 %	3,5 %
G							

Aufgabe 2: Im Jahr 2016 gab es in Deutschland insgesamt 81 272 Verkehrsunfälle mit Beteiligung von Fahrern von Fahrrädern. Das entspricht ungefähr 26,4 % aller Verkehrsunfälle. Berechne die Gesamtzahl der Verkehrsunfälle 2016. Runde sinnvoll.

Aufgabe 3: Thea hat für eine Präsentation herausgefunden, dass im letzten Jahr 4,11 Millionen Menschen aus Deutschland ihren Urlaub in Griechenland verbracht haben. Dies entspricht 12,5 % aller Urlaubsreisen von Deutschland aus. Berechne die Anzahl der Personen mit Start ihrer Urlaubsreise in Deutschland.

 **Station**

Grundwert 4

Lösung

Aufgabe 1: Berechne den fehlenden Wert.

W	351 g	1071 €	171 kg	480 m	374 m²	23 cm	9 g
p %	27 %	63 %	95 %	64 %	88 %	92 %	2 %
G	**1300 g**	**1700 €**	**180 kg**	**750 m**	**425 m²**	**25 cm**	**450 g**

Aufgabe 2: $G = \dfrac{909 \cdot 100}{18}$

$= 50{,}5 \cdot 100$

$= 5050 \;€$

Das Klavier kostet 5050 €.

Aufgabe 3: $G = \dfrac{594 \cdot 100}{88}$

$= 6{,}75 \cdot 100$

$= 675 \;€$

a) *Der spätere Reisepreis beträgt 675 €.*
b) *Der Frühbucherrabatt beträgt 12 % (81 €).*

 **Station**

Grundwert 5

Lösung

Aufgabe 1: Berechne den fehlenden Wert.

W	28,60 €	396,8 km	2,94 €	819 hl	0,1 ml	10 763 m	2,73 €
p %	25 %	40 %	3 %	54,6 %	0,4 %	23,5 %	3,5 %
G	**114,40 €**	**992 km**	**98 €**	**1500 hl**	**25 ml**	**45 800 m**	**78 €**

Aufgabe 2: $G = \dfrac{81\,272 \cdot 100}{26{,}4}$

$\approx 3078{,}48 \cdot 100$

$\approx 307\,848$

Es gab insgesamt etwa 307 848 Unfälle.

Aufgabe 3: $G = \dfrac{4\,110\,000 \cdot 100}{12{,}5}$

$= 328\,800 \cdot 100$

$= 32\,880\,000$

32,88 Millionen Urlaubsreisen starteten in Deutschland.

 **Station E**

Grundwert 6

Aufgabe 1: Berechne den fehlenden Wert.

W	27 €	2932,5 t	1080 kg	3 km	155,50 €	0,7 m	14,8 kg
p %	2¼ %	42,5 %	22,5 %	37,5 %	12,5 %	7 %	6,4 %
G							

Aufgabe 2: Nach einer Umfrage in „BRAVO GIRL! Beauty Studie 2017" unter 10- bis 14-jährigen Mädchen sagten ⅔ der Befragten, dass sie einmal oder mehrmals pro Woche Make-up benutzen. Das bestätigen 700 Mädchen in dieser Umfrage. Berechne die Gesamtzahl der befragten Mädchen. Runde sinnvoll.

Aufgabe 3: Nach einer repräsentativen, deutschlandweiten Studie wurde im Mai 2017 die gleiche Anzahl von jungen Frauen und Männern im Alter zwischen 14 und 30 Jahren online nach ihrem Berufswunsch als Kind gefragt. Jeweils 12 % aller Befragten wollten Polizist oder Tierarzt werden, was insgesamt 223 Personen waren.
a) Berechne jeweils die Anzahl der befragten Personen. Runde sinnvoll.
b) 22 % der befragten Frauen nannten die Tierärztin zuerst, bei den Männern stand der Polizist mit 19 % an der Spitze. Runde sinnvoll.
<u>Frage zuerst, was gesucht ist.</u>

 **Station P**

vermehrter Grundwert

Ein vermehrter Grundwert liegt vor, wenn ihm ein bestimmter Prozentsatz seines ursprünglichen Wertes hinzugefügt wurde.

Formel: $G_+ = \dfrac{(100 + p) \cdot G}{100}$

Aufgabe 1: Janis trägt zur Aufbesserung seines Taschengeldes zweimal in der Woche Zeitungen aus. Nach einem halben Jahr wird sein monatlicher Lohn von € 180 um 4,5 % erhöht. Berechne den neuen Lohn.

Aufgabe 2: In den letzten 5 Jahren ist die Schülerzahl an Noras Schule von 675 um 24 % gestiegen. Berechne die aktuelle Schülerzahl an Noras Schule.

Aufgabe 3: Ben möchte sich unbedingt den Ball der Fußballweltmeisterschaft 2018 kaufen. Er hat ein Angebot über 60 € für den Ball, es kommen aber noch 19 % Mehrwertsteuer dazu. Berechne den Endpreis.

Aufgabe 4: Leonie sammelt Visitenkarten. Nach ihrer letzten Zählung hatte sie 135 Karten, seitdem sind 40 % dazu gekommen. Berechne, wie viele Visitenkarten sie aktuell besitzt.

Station E

Grundwert 6

Lösung

Aufgabe 1: Berechne den fehlenden Wert.

W	27 €	2932,5 t	1080 kg	3 km	155,50 €	0,7 m	14,8 kg
p %	2¼ %	42,5 %	22,5 %	37,5 %	12,5 %	7 %	6,4 %
G	1200 €	6900 t	4800 kg	8 km	1244 €	10 m	231,25 kg

Aufgabe 2: ⅔ ~ 66,66 %

$$G = \frac{700 \cdot 100}{66,66}$$

$= 70\,000 : 66,66$

$= 1\,050,105$

Es wurden ungefähr 1 050 Mädchen befragt.

Aufgabe 3: a) $G = \frac{223 \cdot 100}{12} \approx 1\,858,3$

1 858 Personen wurden insgesamt befragt.

b) Frauen: $W = \frac{929 \cdot 22}{100} \approx 204$

Männer: $W = \frac{929 \cdot 19}{100} \approx 177$

204 Frauen wollten Tierärztin, 177 Männer wollten Polizist werden.

Station P

vermehrter Grundwert

Lösung

Aufgabe 1: $G_+ = \frac{(100 + p) \cdot G}{100}$

$= \frac{(100 + 4,5) \cdot 180}{100}$

$= \frac{18\,810}{100}$

$= 188,10$ €

Janis' neuer Lohn beträgt 188,10 €.

Aufgabe 2: $G_+ = \frac{(100 + 24) \cdot 675}{100}$

$= \frac{124 \cdot 675}{100}$

$= \frac{83\,700}{100}$

$= 837$ Schüler

Es sind 837 Schüler/innen an Noras Schule.

Aufgabe 3: $G_+ = \frac{(100 + 19) \cdot 60}{100}$

$= \frac{7140}{100}$

$= 71,40$ €

Der Ball kostet mit Mwst. 71,40 €.

Aufgabe 4: $G_+ = \frac{(100 + 40) \cdot 135}{100}$

$= \frac{18\,900}{100}$

$= 189$ Karten

Sie besitzt inzwischen 189 Visitenkarten.

 **Station**

verminderter Grundwert

Ein verminderter Grundwert liegt vor, wenn ihm ein bestimmter Prozentsatz seines ursprünglichen Wertes abgezogen wurde.

Formel: $G_- = \dfrac{(100 - p) \cdot G}{100}$

Aufgabe 1: Levi hat an dem Mountainbike, das er kaufen möchte, einen kleinen Lackschaden entdeckt. Es soll 640 € kosten. Der Verkäufer ist bereit, den Preis um 25 % zu senken. Berechne den neuen Preis.

Aufgabe 2: Von den 50 Gästen zu Kiras 13. Geburtstag klagen anschließend 24 % über Magenschmerzen. Kira glaubt, dass die Salami auf der Pizza nicht mehr gut war. Berechne die Anzahl der Geburtstagsgäste mit anschließenden Magenbeschwerden.

Aufgabe 3: Thea bestellt sich im Internet Inliner für 65 €. Der Versand ist gratis und sie bekommt 2 % Skonto bei sofortiger Bezahlung. Berechne den Endpreis.

Aufgabe 4: Noel kann das als Spiel des Jahres 2017 nominierte Brettspiel „Wettlauf nach El Dorado" 5 % unter dem eigentlichen Preis von 29 € bekommen. Berechne den neuen Preis.

 **Station**

Gemischte Übungen 1

Aufgabe 1: Berechne den fehlenden Wert.

Prozent		10 %	25 %	75 %		90 %
Dezimalzahl	0,5		0,25		0,74	0,9
Bruchzahl	$\frac{1}{2}$	$\frac{1}{10}$		$\frac{3}{4}$	$\frac{74}{100}$	

Aufgabe 2: Berechne den fehlenden Wert.

W	5 kg	200 €		3 l	
p %	10 %		25 %	20 %	75 %
G		400 €	80 m		300 m²

Station

verminderter Grundwert

Lösung

Aufgabe 1:
$$G_- = \frac{(100 - p) \cdot G}{100}$$
$$= \frac{(100 - 25) \cdot 640}{100}$$
$$= \frac{48\,000}{100}$$
$$= 480 \,€$$
Das Mountainbike kostet jetzt 480 €.

Aufgabe 2:
$$G_- = \frac{(100 - 24) \cdot 50}{100}$$
$$= \frac{3800}{100}$$
$$= 38 \text{ Gäste ohne Schmerzen}$$
12 Gäste hatten Magenprobleme.

Aufgabe 3:
$$G_- = \frac{(100 - 2) \cdot 65}{100}$$
$$= \frac{6370}{100}$$
$$= 63{,}70 \,€$$
Die Inliner kosten 63,70 € bei sofortiger Bezahlung.

Aufgabe 4:
$$G_- = \frac{(100 - 5) \cdot 29}{100}$$
$$= \frac{2755}{100}$$
$$= 27{,}55 \,€$$
Noel kann das Spiel für 27,55 € bekommen.

Station

Gemischte Übungen 1

Lösung

Aufgabe 1: *Berechne den fehlenden Wert.*

Prozent	**50 %**	10 %	25 %	75 %	**74 %**	90 %
Dezimalzahl	0,5	**0,1**	0,25	**0,75**	0,74	0,9
Bruchzahl	$\frac{1}{2}$	$\frac{1}{10}$	$\frac{1}{4}$	$\frac{3}{4}$	$\frac{74}{100}$	$\frac{9}{10}$

Aufgabe 2: *Berechne den fehlenden Wert.*

W	5 kg	200 €	**20 m**	3 l	**225 m²**
p %	10 %	**50 %**	25 %	20 %	75 %
G	**50 kg**	400 €	80 m	**15 l**	300 m²

 **Station**

Gemischte Übungen 2

Aufgabe 1: Berechne den fehlenden Wert.

Prozent		27 %	70 %	125 %		18 %
Dezimalzahl	0,6		0,7		0,16	0,18
Bruchzahl	$\frac{3}{5}$	$\frac{27}{100}$		$1\frac{1}{4}$	$\frac{4}{25}$	

Aufgabe 2: Berechne den fehlenden Wert.

W	390 km	72 kg		1 l	
p %	60 %		6 %	12,5 %	75 %
G		160 kg	50 cm		24 €

 **Station**

Gemischte Übungen 3

Aufgabe 1: Berechne den fehlenden Wert.

Prozent		66 %	12,5 %	35 %		65 %
Dezimalzahl	4,4		0,125	0,35	1,2	0,65
Bruchzahl	$4\frac{3}{5}$	$\frac{2}{3}$			$1\frac{1}{5}$	

Aufgabe 2: Berechne den fehlenden Wert.

W	88,75 m	342 g		27,3 cm	
p %	14,2 %		2,5 %	35 %	15 %
G		9000 g	98 €		418 kg

 **Station**

Gemischte Übungen 2

Lösung

Aufgabe 1: Berechne den fehlenden Wert.

Prozent	**60 %**	27 %	70 %	125 %	**16 %**	18 %
Dezimalzahl	0,6	**0,27**	0,7	**1,25**	0,16	0,18
Bruchzahl	$\frac{3}{5}$	$\frac{27}{100}$	$\frac{7}{10}$	$1\frac{1}{4}$	$\frac{4}{25}$	$\frac{9}{50}$

Aufgabe 2: Berechne den fehlenden Wert.

W	390 km	72 kg	**3 cm**	1 l	**18 €**
p %	60 %	**45 %**	6 %	12,5 %	75 %
G	**650 km**	160 kg	50 cm	**8 l**	24 €

 **Station**

Gemischte Übungen 3

Lösung

Aufgabe 1: Berechne den fehlenden Wert.

Prozent	**440 %**	66 %	12,5 %	35 %	**120 %**	65 %
Dezimalzahl	4,4	**0,66**	0,125	0,35	1,2	0,65
Bruchzahl	$4\frac{3}{5}$	$\frac{2}{3}$	$\frac{1}{8}$	$\frac{7}{20}$	$1\frac{1}{5}$	$\frac{13}{20}$

Aufgabe 2: Berechne den fehlenden Wert.

W	88,75 m	342 g	**2,45 €**	27,3 cm	**62,7 kg**
p %	14,2 %	**3,8 %**	2,5 %	35 %	15 %
G	**625 m**	9000 g	98 €	**78 cm**	418 kg

 **Station**

Zum Schmunzeln 1

Aufgabe 1: Bei einer Fahrradkontrolle stellte der Polizist M. Auntenbeik fest, dass 35 % aller Fahrräder erhebliche Mängel aufwiesen, das waren immerhin 210 Räder. Berechne, wie viele Fahrräder er untersucht hat.

Aufgabe 2: Beim Basketballtraining versenkte Sch. Roder von den „Atlanta Sharks" den Ball 90 Mal im Korb. Er brauchte dafür nur 125 Würfe. Berechne, wie viel Prozent seiner Würfe erfolgreich waren.

Aufgabe 3: Im Sportgeschäft „Boxenstop" werden alle Waren um 15 % billiger verkauft. Sportlehrer Z. Verev kauft sich einen Hat-Tennisschläger für 180 €, Adider-Tennisschuhe für 120 € und einen Tennisanzug für 160 €. Berechne den Gesamtpreis dieser 3 Artikel.

Aufgabe 4: Bei der Castingshow „Deutschland sucht den Spitzenstar" auf ERTEL bekam der Sieger 55 % aller abgegebenen Stimmen. Das waren immerhin 25190 Anrufer. Berechne, wie viele Anrufe insgesamt beim Sender ERTEL eingegangen sind.

 **Station**

Zum Schmunzeln 2

Aufgabe 1: Die Bundeskanzlerin M. Erkel erhält ein Gehalt von monatlich 18500 €. Nach einer Diätenerhöhung erhält sie 12 % mehr Gehalt. Berechne das neue Gehalt.

Aufgabe 2: Mathelehrer G. Rade und sein Kollege K. Reis sind stolz auf ihre Klassen. „In meiner 7a sind 21 von 28 Schülern super in Mathe", meint G. Rade. „Ich habe bei meinen 30 Schülern der 7b 22 Intelligenzbestien", sagt K. Reis. Berechne, in welcher Klasse sich mehr Mathecracks befinden.

Aufgabe 3: Die Rockgruppe „Tote Posen" zahlte ihrem Manager M. Acher nach dem letzten Konzert 34 672 €, da er an den Einnahmen prozentual beteiligt ist. Beim letzten Konzert klingelten die Kassen mit einem Gewinn von 138 688 €. Berechne, mit wie viel Prozent M. Acher beteiligt ist.

Aufgabe 4: Herr E. Lektrolax ist Produktmanager im Außendienst. Von seinen verkauften Staubsaugern bekommt er 15 % je Stück als Provision. Im letzten Monat hat er 3867,45 € verdient. Berechne den Gesamtumsatz an Staubsaugern.

 **Station**

Zum Schmunzeln 1

Lösung

Aufgabe 1: $G = \dfrac{210 \cdot 100}{35}$

$= 6 \cdot 100$

$= 600$ Fahrräder

Er hatte 600 Fahrräder kontrolliert.

Aufgabe 2: $p = \dfrac{90 \cdot 100}{125}$

$= 18 \cdot 4$

$= 72\ \%$

72 % seiner Würfe waren erfolgreich.

Aufgabe 3: $180\ € + 120\ € + 160\ € = 460\ €$

$G_- = \dfrac{(100 - 15) \cdot 460}{100}$

$= \dfrac{85 \cdot 460}{100}$

$= 391\ €$

Z. Verev zahlt insgesamt 391 €.

Aufgabe 4: $G = \dfrac{25\,190 \cdot 100}{55}$

$= 458 \cdot 100$

$= 45\,800$ Anrufe

Der Sieger hat 45 800 Stimmen bekommen.

 **Station**

Zum Schmunzeln 2

Lösung

Aufgabe 1: $G_+ = \dfrac{(100 + 12) \cdot 18\,500}{100}$

$= \dfrac{112 \cdot 18\,500}{100}$

$= 112 \cdot 185$

$= 20\,720\ €$

Das neue Gehalt beträgt 20 720 €.

Aufgabe 2:

7a: $p = \dfrac{21 \cdot 100}{28} = 75\ \%$

7b: $p = \dfrac{22 \cdot 100}{30} = 73\dfrac{1}{3}\ \%$

In der 7a sind mehr Mathegenies.

Aufgabe 3: $p = \dfrac{34\,672 \cdot 100}{138\,688}$

$= \dfrac{100}{4}$

$= 25\ \%$

Er ist mit 25 % beteiligt.

Aufgabe 4: $G = \dfrac{3867{,}45 \cdot 100}{15}$

$= 386\,745 : 15$

$= 25\,783\ €$

Er hat Staubsauger für 25 783 € verkauft.

 **Station**

Zum Schmunzeln 3

Aufgabe 1: Im Intercity „Verspäteter Sprinter" befanden sich 420 Fahrgäste, 15 % davon in der 1. Klasse. Von den anderen Reisenden fuhren $33\frac{1}{3}$ % in Großraumwagen. Berechne die Zahl der Fahrgäste in den restlichen Wagen.

Aufgabe 2: Die Mitglieder des Sportvereins 1. FC Green Bull sind zu 45 % weiblich. Das sind immerhin 180 sportlich aktive Damen. Von den Männern nehmen allerdings nur 15 % aktiv an Wettkämpfen teil – sie halten sich eher an dem Getränk fest, das dem Verein den Namen gibt. Berechne, wie viele Männer sich keinem stressigen Wettkampf stellen.

Aufgabe 3: Trage die Ergebnisse der 8 Aufgaben rechts in die leeren Felder ein und addiere die erhaltenen Zahlen. Wie lautet das Gesamtergebnis?

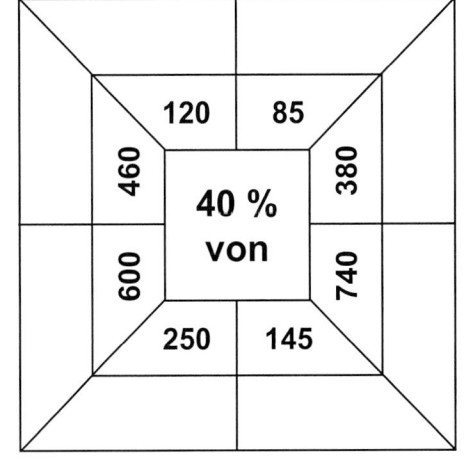

 **Station**

Textaufgaben 1

In der „Jugendstudie Baden-Württemberg 2015" wurde Jugendlichen zum Bereich Schule folgende Frage gestellt:

„Kannst du dir vorstellen, einzelne Unterrichtsthemen selbst vorzubereiten und deinen Mitschüler/innen zu vermitteln?"

So lauteten die Antworten:
18 % klar, das wäre interessant
40 % zu zweit oder dritt sicher
22 % nein, das ist nichts für mich
16 % wir machen das teilweise schon
 4 % keine Angabe

Stelle die Übersicht in diesem Kreisdiagramm dar.

→ Du kannst auch eine andere Darstellungsform wählen.

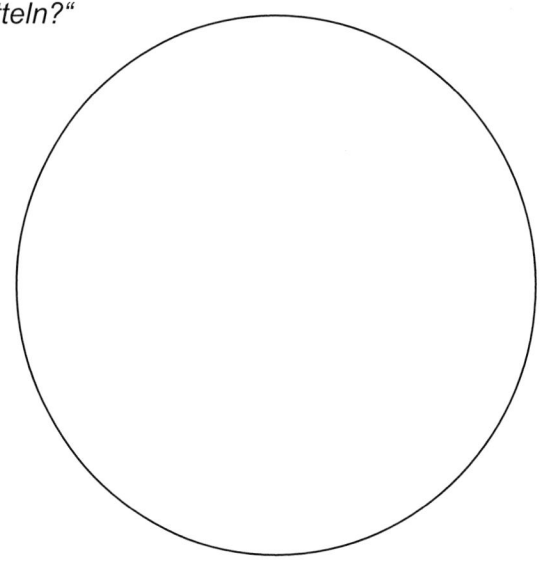

Station P — Zum Schmunzeln 3 — Lösung

Aufgabe 1: 1. Klasse:

$$W = \frac{420 \cdot 15}{100} = 63 \text{ Gäste}$$

Großraumwagen:

$$W = \frac{357 \cdot 33\frac{1}{3}}{100} = 119 \text{ Gäste}$$

Es verbleiben noch 238 Reisende.

Aufgabe 2:

$$G = \frac{180 \cdot 100}{45} = 400 \text{ Mitglieder, } 220 \text{ Männer}$$

$$W = \frac{220 \cdot 15}{100} = 33 \text{ aktive Männer}$$

187 Männer stellen sich keinem stressigen Wettkampf.

Aufgabe 3: Lösung:

48 + 34 + 296 + 152 + 58 + 100 + 240 + 184 = **1112**

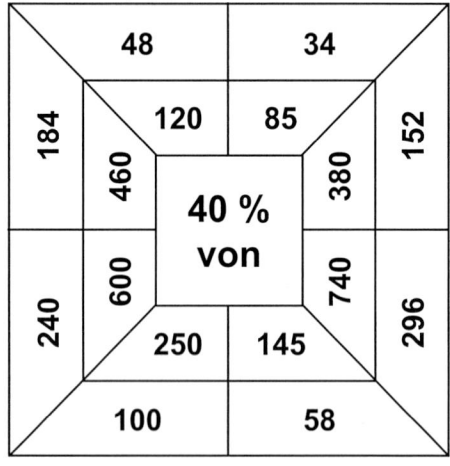

Station E — Textaufgaben 1 — Lösung

1. 18 % = 64,8°
2. 40 % = 144°
3. 22 % = 79,2°
4. 16 % = 57,6°
5. 4 % = 14,4°

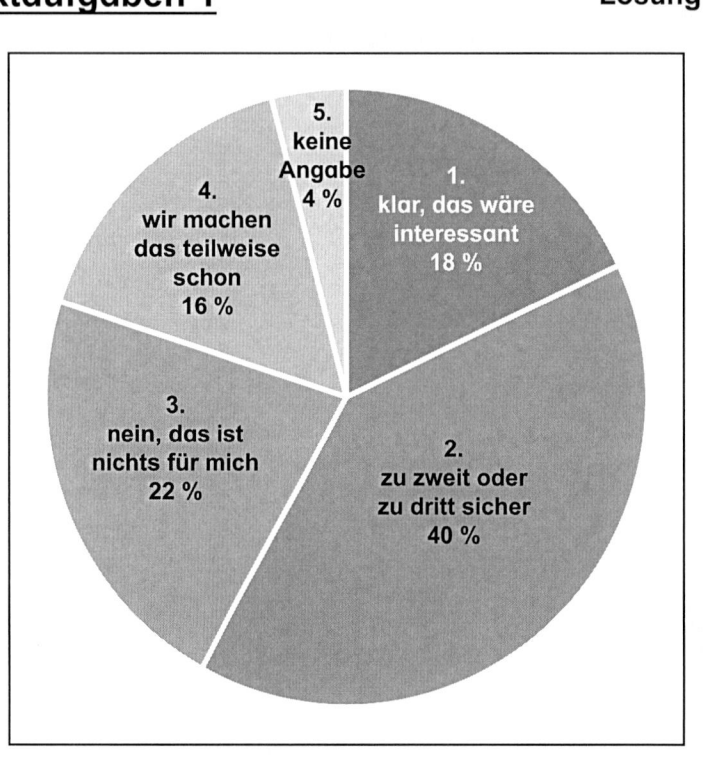

Station P

Textaufgaben 2

Aufgabe 1: Jonte, Leano und Thea teilen sich einen Lottogewinn von 7300 €. Das Diagramm rechts zeigt die Aufteilung. Berechne die Prozentsätze.

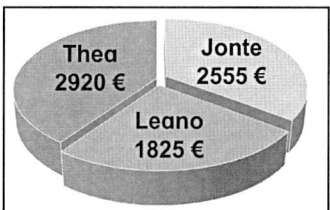

Aufgabe 2: Was denkst du darüber?

Jeden Winter setze ich meine Obst- und Gemüsepreise 25 % herauf und im Frühjahr 20 % herunter.

Ich weiß nicht, ob das deine Kunden auf Dauer mitmachen, wenn du von Jahr zu Jahr teurer wirst!

Überprüfe an einem Beispiel, ob die Bedenken von Frau Schäfer berechtigt sind.

Station E

Textaufgaben 3

Aufgabe 1: Bestimme den gesuchten Wert und berechne.

a) 360,- € 25 % reduziert!

b) ~~720,- €~~ jetzt 504,- €

c) 32 % reduziert! 224 € gespart!

Aufgabe 2: Kaya erzählt ihrer Mutter am Nachmittag ganz aufgeregt: „Stell dir vor, bei der Mathematikarbeit in der 1. Stunde sind 4 von 25 meiner Klasse zu spät gekommen. Vom Rest war lediglich $\frac{1}{7}$ wach, die anderen waren noch völlig verschlafen."

Station P — Textaufgaben 2 — Lösung

Aufgabe 1:

Jonte:
$$p = \frac{2555 \cdot 100}{7300}$$
$$= 2555 : 73$$
$$= 35\ \%$$

Leano:
$$p = \frac{1825 \cdot 100}{7300}$$
$$= 1825 : 73$$
$$= 25\ \%$$

Thea:
$$p = \frac{2920 \cdot 100}{7300}$$
$$= 2920 : 73$$
$$= 40\ \%$$

Jonte bekommt 35 %, Leano 25 % und Thea 40 % vom Lottogewinn.

Aufgabe 2: Beispiel: Kartoffeln kosten 100 €

Winter:
$$G_+ = \frac{(100 + 25) \cdot 100}{100}$$
$$= 125\ €$$

Sommer:
$$G_- = \frac{(100 + 20) \cdot 125}{100}$$
$$= 100\ €$$

Im Sommer kosten die Kartoffeln z.B. 100 €, nach der Erhöhung im Herbst 125 €. Im Frühjahr wird der Preis um 20 € gesenkt und beträgt dann wieder 100 €.
Da der Preis gleich bleibt, sind die Bedenken von Frau Schäfer unberechtigt.

Station E — Textaufgaben 3 — Lösung

Aufgabe 1:

a) gesucht: verminderter Grundwert
$$G_- = \frac{(100 - 25) \cdot 360}{100}$$
$$= \frac{3 \cdot 360}{4} = 270\ €$$

Das Fahrrad kostet jetzt 270 €.

b) gesucht: Prozentsatz
$$p = \frac{504 \cdot 100}{720}$$
$$= \frac{7 \cdot 100}{10} = 70\ \%$$

Das Rad wurde um 30 % reduziert.

c) gesucht: Grundwert
$$G = \frac{224 \cdot 100}{32}$$
$$= \frac{7 \cdot 100}{1} = 700\ €$$

Der ursprüngliche Preis war 700 €.

Aufgabe 2:
$$p = \frac{4 \cdot 100}{25}$$
$$= 16\ \%$$

$\frac{1}{7}$ von 21 = 3 Schüler

16 % kommen zu spät, 3 sind wach und die restlichen 18 Klassenmitglieder sind noch verschlafen.

 **Station**

Textaufgaben 4

Lies den folgenden Text und bearbeite die Aufgaben.

Computerhersteller befragt Jugendliche

Ein Computerhersteller hat Jugendliche und junge Erwachsene befragt, um die Bedeutung von Computern für die Altersgruppe von 14 bis 24 Jahren zu untersuchen.

Für 8 von 10 Befragten – das waren 1944 der Teilnehmer – ist der Computer Teil des täglichen Lebens. Diese Personen sind ebenfalls überzeugt von beruflichen Nachteilen, wenn keine Kenntnisse im Umgang mit Computern vorliegen. Gut die Hälfte der Teilnehmer an der Umfrage besitzt einen eigenen Computer. 25 % von denen sind regelmäßige Online-Shopper. Die Antwort auf den gesundheitlichen Aspekt ist deutlich. Auf der einen Seite sehen 55 % mehr Vor- als Nachteile beim Einsatz von Computern. Auf der anderen Seite sind aber auch $\frac{1}{7}$ der Befragten überzeugt, dass die Arbeit am Computer gesundheitsschädigend ist.

Aufgabe 1: *Berechne, wie viele Personen befragt wurden.*

Aufgabe 2: *Wie viel Prozent sind überzeugt von beruflichen Nachteilen bei fehlenden PC-Kenntnissen?*

Aufgabe 3: *Berechne, wie viele der Befragten regelmäßig online shoppen.*

Aufgabe 4: *Wie viel Prozent sind von der Gesundheitsschädigung durch Computer überzeugt?*

 **Station**

Textaufgaben 5

Lies den folgenden Text und bearbeite die Aufgaben.

Bundestagswahl 2017

Nach der Bundestagswahl am 24. September 2017 ergab sich folgende Sitzverteilung im neuen Bundestag:

CDU 200 Sitze, SPD 153 Sitze, Die Linke 69 Sitze, Grüne 67 Sitze, CSU 46 Sitze, FDP 80 Sitze und AfD 94 Sitze.

Die Wahlbeteiligung der 61 675 529 Wahlberechtigten lag bei 76,16 %.

466 942 Stimmen waren ungültig.

Aufgabe 1: *Berechne, wie viel Prozent der Sitze die gewählten Parteien jeweils bekommen haben. Runde sinnvoll.*

Aufgabe 2: *Wie viele Wahlberechtigte sind nicht zur Wahl gegangen? Runde sinnvoll.*

Aufgabe 3: *Wie viel Prozent der abgegebenen Stimmen waren ungültig? Runde sinnvoll.*

Station E — Textaufgaben 4 — Lösung

Aufgabe 1:
$$G = \frac{1944 \cdot 100}{80} = \frac{1944 \cdot 5}{4} = 2430 \text{ Befragte}$$

2430 Personen wurden befragt.

Aufgabe 2:
$$p = \frac{1944 \cdot 100}{2430} = \frac{4 \cdot 100}{5} = 80\,\%$$

80 % befürchten berufliche Nachteile.

Aufgabe 3: Hälfte der Befragten: 972 Pers.
$$W = \frac{972 \cdot 25}{100} = \frac{972 \cdot 1}{4} = 243 \text{ Personen}$$

243 der Teilnehmer shoppen regelmäßig online.

Aufgabe 4:
$$2 : 3 = 0{,}6666666\ldots$$

$\frac{2}{3}$ *aller Befragten entsprechen* $66\frac{2}{3}\,\%$.

Station E — Textaufgaben 5 — Lösung

Aufgabe 1: 709 Sitze = 100 %

CDU: $p = \dfrac{200 \cdot 100}{709} \approx 28{,}21\,\%$

SPD: $p = \dfrac{153 \cdot 100}{709} \approx 21{,}58\,\%$

Linke: $p = \dfrac{69 \cdot 100}{709} \approx 9{,}73\,\%$

Grüne: $p = \dfrac{67 \cdot 100}{709} \approx 9{,}45\,\%$

CSU: $p = \dfrac{46 \cdot 100}{709} \approx 6{,}49\,\%$

FDP: $p = \dfrac{80 \cdot 100}{709} \approx 11{,}28\,\%$

AfD: $p = \dfrac{94 \cdot 100}{709} \approx 13{,}26\,\%$

Aufgabe 2:
$$G_- = \frac{(100 - p) \cdot G}{100} = \frac{(100 - 76{,}16) \cdot 61\,675\,529}{100} = \frac{23{,}84 \cdot 61\,675\,529}{100} \approx 14\,703\,446$$

Ca. 14 703 446 Personen haben nicht gewählt.

Aufgabe 3: 61 675 529 − 14 703 446 = 46 972 083

$$p = \frac{466\,942 \cdot 100}{46\,972\,083} \approx 0{,}99\,\%$$

Ca. 0,99 % der Stimmen waren ungültig.

 **Station**

Offene Aufgabe 1

Aufgabe 1:

Findet zu zum Thema dieser Illustration Aufgaben zur Prozentrechnung. Setzt dabei die Bildangaben um. Präsentiert die Aufgaben eurer Klasse und kontrolliert die Lösungen.

 **Station**

Offene Aufgabe 2

Aufgabe 1:

Findet zu einem Thema eurer Wahl verschiedene Aufgaben zur Prozentrechnung. Präsentiert sie eurer Klasse und kontrolliert die Lösungen.

Tipp-Karte 1
Prozentzahl/Bruchzahl/Dezimalzahl

Mit **Prozent** wird der Teil eines Ganzen in Hundertsteln bezeichnet.

Beispiele: $1\% = \frac{1}{100}$; $59\% = \frac{59}{100}$; $199\% = 1\frac{99}{100}$

Eine **Dezimalzahl** entsteht, wenn der Zähler durch den Nenner geteilt wird.

Beispiele: $1:100 = 0{,}01$; $59:100 = 0{,}59$

Der Bruchstrich in einer **Bruchzahl** ersetzt das Zeichen „:".

Beachte das Kürzen und Erweitern:
Beispiele: $\frac{5}{10} = \frac{1}{2}$; $\frac{80}{100} = \frac{4}{5}$; $\frac{14}{100} = \frac{7}{50}$

Ein Bruch wird durch Erweitern zur %-Zahl.
Beispiele: $\frac{7}{50} = \frac{14}{100} = 0{,}14 = 14\%$

$\frac{2}{25} = \frac{8}{100} = 0{,}08 = 8\%$

Tipp-Karte 2
Berechnung mit dem Dreisatz

Grundsätzlich kann jede Aufgabe der Prozentrechnung über den Dreisatz gelöst werden. Die Lösung erfolgt in drei Schritten.

Die 3 gegebenen Größen werden auf die linke und rechte Seite geschrieben. Der gesuchte Wert erscheint immer rechts. Im zweiten Schritt wird immer auf den Wert „1" zurückgeführt

Beispiel (gesucht: Prozentsatz):

Von 50 Spielen hat Leon 3 verloren. Berechne den Prozentsatz.

$:50\ \Big\{\ \begin{array}{lll}50\text{ Spiele} & - & 100\% \\ 1\text{ Spiel} & - & 2\% \\ 3\text{ Spiele} & - & 6\%\end{array}\ \Big\}\ :50$
$\cdot 3\qquad\qquad\qquad\qquad\qquad\qquad\cdot 3$

Tipp-Karte 3
Kreisdiagramm

Ein Kreis besteht aus 360°. Daraus folgt:

100 % → 360°
1 % → 3,6°

Umrechnungsbeispiele:

1 %	5 %	10 %	15 %	30 %	40 %	50 %	75 %
3,6°	18°	36°	54°	108°	144°	180°	270°

Block-/Balkendiagramm

In einem Achsenkreuz werden auf der senkrechten Achse die Werte eingetragen. Auf der waagerechten Achse erscheinen die Größen der Aufgabe.

Beispiel:
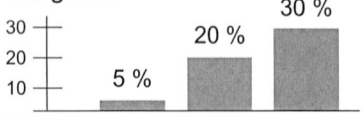

Tipp-Karte 4

Wir rechnen mit den 3 Größen W = Prozentwert, p % = Prozentsatz und G = Grundwert. Die Formeln ergeben sich durch entsprechendes Umstellen der Größen. Auch hier muss zuerst der gesuchte Wert bestimmt werden.

Formel Prozentwert

$$W = \frac{G \cdot p}{100}$$

Beispiel: 20 % einer Klasse mit 25 Schülern sind krank. Bestimme die Zahl der Kranken.

$$W = \frac{25 \cdot 20}{100}$$

$$= \frac{1 \cdot 20}{4} = 5 \text{ Schüler}$$

Es sind 5 Schüler erkrankt.

Tipp-Karte 5

Formel Prozentwert: $\quad p = \frac{W \cdot 100}{G}$

Beispiel: Ein Waveboard ist von 64 € um 16 € runtergesetzt. Berechne den Prozentsatz.

$p = \frac{16 \cdot 100}{64} = 25\%$

$= \frac{1 \cdot 100}{4}\quad$ *Es ist 25 % billiger.*

Formel Grundwert: $\quad G = \frac{W \cdot 100}{p}$

Beispiel: 40 % von 12 km sind gefahren. Berechne die gesamte Strecke.

$G = \frac{12 \cdot 100}{40} = \frac{3 \cdot 10}{1}$

$\frac{12 \cdot 10}{4} = 30$ km $\quad$ *Die gesamte Strecke ist 30 km lang.*

Tipp-Karte 6

vermehrter Grundwert

In der Formel wird W ersetzt durch (100 + p). Die Formel für den erhöhten Grundwert heißt jetzt entsprechend:

$$G_+ = \frac{(100 + p) \cdot G}{100}$$

verminderter Grundwert

In der Formel wird W ersetzt durch (100 - p). Die Formel für den verminderten Grundwert heißt jetzt entsprechend:

$$G_- = \frac{(100 - p) \cdot G}{100}$$